그리움이 남았다

그리움이 남았다

펴낸날 2025년 10월 31일

지은이 박여롬
펴낸이 주계수 | **편집책임** 이슬기 | **꾸민이** 최송아

펴낸곳 밥북 | **출판등록** 제 2014-000085 호
주소 서울특별시 마포구 양화로 156 LG팰리스빌딩 917호
전화 02-6925-0370 | **팩스** 02-6925-0380
홈페이지 www.bobbook.co.kr | **이메일** bobbook@hanmail.net

© 박여롬, 2025.
ISBN 979-11-7223-118-7 (03810)

※ 이 책은 저작권법에 따라 보호받는 저작물이므로 무단전재와 복제를 금합니다.
※ 이 책은 강원특별자치도, 강원문화재단의 후원으로 발간되었습니다.

☾ P.S 기획시선 11

그
리
움
이

남
았
다

박여롬

시인의 말

나에게 지난여름은
유난히 널을 뛰듯 기복이 심했고
고난의 시간이 아니었나 생각합니다.
몸도 마음도 많이 아팠지만 이제는 온전히 회복되어
감사한 마음으로 가을을 맞이합니다.

한번 아프고 나니
내 삶의 의미도 있었고 살아갈 이유도 있었습니다
나름대로 내 삶을 견디는
해석을 잘할 수 있는 유익이 되었습니다.

비유 상징 이미지로
말을 해야 하는 시의 언어는
여전히 어렵지만
결국 깊은 사유에 이르게 했습니다.
많이 아플 때에
삶이 어려울 때에 시는 더욱 짙어져
채색을 멈추지 않았습니다.

낮은 숨을 쉬며 길게 내려앉았던 시간은
시 한 줄씩 써내려가며 삶을 다독였던 것 같습니다.
더딘 것 같고 멈춘 것 같은 시간들은
도리어 시의 나무가 되어 잎을 내밀었습니다.
시의 재료가 되었던 이야기들은
사랑의 씨앗을 심어 주고 영양을 주는
한없이 고마운 사람들입니다.
끝내 다 갚지 못할 사랑이겠지요.

두 번째 시집은 저에게 커다란 성과입니다.
여호와 샬롬이 되게 하신 하나님께 감사합니다.
남편은 늘 곁에서 마음으로 시간으로
물질로 아낌없이 도와주고 있습니다.
그리고 스승님과 동인들
사랑하는 모든 이들에게
머리 숙여 고마운 마음을 전합니다.

2025년 가을 초입에

박여름

시인의 말 4

제1부 늦게 피는 꽃

아침에 오는 가을 12 / 너도 샤프란 13 / 바람 한 점 없는 날 14

농부가 부지런하면 16 / 진흙 같은 몸 17 / 플러스 에너지 18

지나가는 비 19 / 때를 따라 20 / 사람이 어렵다 22 / 오르막

을 누빈다는 것은 23 / 늦게 피는 꽃 24 / 여름의 선물 26 / 불안

을 파는 사회 27 / 가지 끝에 마음이 매달린다 28 / 바쁜 날 29

부지런이 복이다 30 / 숨은 사람 31 / 마음이 어려울 때에 32

여름 아침 33 / 공생할 수 없다 34 / 흐트러졌다 35 / 봄이야 36

/ 차례 /

제2부   연초록 습관

설인데 설국이다 38 / 월요일 39 / 그랬었다 40 / 시골 교회당 41

햇살이 이렇게 좋은데 42 / 시간을 말한다 43 / 미니장미의

나날 44 / 보고픈 사람들 46 / 숲길에서 만난 사람 47 / 얼굴에

박혔다 48 / 통증의 덫 49 / 연분홍 날개 50 / 연초록

습관 52 / 일상은 그곳에 53 / 통증의 호들갑 54 / 따뜻한

누룽지 55 / 여름 안녕 56 / 제자의 삶 57 / 손을 놓지 않는

다면 58 / 버선발 59 / 부산행 기차를 타고 60 / 바람만

쉬어 가도 62

제3부 새벽의 적막

악어야 어딨니 64 / 고통의 기억을 지운다 65 / 밤밭 카페에서 66 / 작전이 필요해 68 / 폭설 수다 69 / 새벽의 향기 70 / 새벽에 무슨 일이 72 / 새벽의 적막 73 / 아침 묵상 74 / 말이 줄면 75 / 살만하다고 느낀다 76 / 논길 78 / 아이야 79 / 황도 80 / 출구 82 / 과부하 83 / 손끝에 84 / 안다는 것 85 / 배후가 있다 86 / 즐거워하라 87 / 달리기 88

제4부 어느 곳에 이르렀는지

장미의 마음 90 / 접점 91 / 놀기 위해 태어났다 92
기다리는 기쁨 93 / 그대 목수 94 / 그 봄이 다시 오려나 95
여행은 골목이야 96 / 춘삼월 98 / 꼬끼오 꼬꼬 100
익으면 좋다 101 / 간사함과 교만 102 / 병인 줄 모르는
병 104 / 골 메운다 105 / 어느 곳에 이르렀는지 106
등이 따시다고 108 / 돌배나무의 겨울 110 / 비켜 가는
사람 111 / 시작을 시작할 수 없는 이유 112 / 그리움이
남았다 113 / 야위었다 114 / 고양이는 눈을 밟지 않는다 116

해설 : 사람을 향한 눈빛, 꽃을 향한 기대가 머무는 상처의 승화_김남권 시인 118

1부

늦게 피는 꽃

아침에 오는 가을

가을이 온다
아침에 오는 가을은 깨끗하다
여름을 데려가는 낮은 소리
가는 비가 종일 내렸다

하얀 교복 셔츠를 입고
책가방을 둘러멘 어린 소년의
얼굴 같은 가을 아침이다

풀벌레 울음소리는 밤을 지새워
맑은 새벽을 깨웠다

나는 언제쯤 가을의 열매와 한걸음이 될까
열매 없는 인생을 살아 온 건 아닌지
나에게 무엇을 물어야 할지
내일 아침에는 대답할 수 있을까

너도 샤프란

너도 샤프란
나도 샤프란
온통 샤프란을 닮고 싶다고 안달이다

키 큰 꽃에 질렸다며 넘어질 염려 없는
너도샤프란을 심었더니 한바탕 구경이 났다
무조건 예쁘고 볼 일이라며
야무지고 단아하게 웃는 얼굴로
작은 아이까지 끌어당기고 있다

'너도샤프란'이라고
이름을 말해주었더니 작은 아이가
또르르 굴러가는 웃음소리를 낸다

지나가던 사람들은
너도나도 무조건 예쁘고 볼 일이라며
동산이 환해지도록 웃음꽃이 피었다

어둠 속에서도
또랑하게 웃는 얼굴,
시름을 지우는 한 잎의 지우개다

바람 한 점 없는 날

사방이 정적으로 가득하다
소리 없는 아득함이라니,
끝없는 길을 나서다
정적 속으로 스며들기란
풀썩이는 속내가 미안하다

조용한 순간들이 겁이 난다
무슨 소리라도 있었으면 좋겠다
미동도 없는 그대 앞에서
한 호흡이 되려니
쉬운 일이 아니다
옅은 숨소리가 팔딱거렸다
대열을 따라 길 없는 길을 나섰다

아름다운 세상이다
오래된 기억은 격조 높은 무늬가 되고
묵은 호흡은 깊어졌다
세상의 잔영을 잠시 걷어냈다
맑은 물이 스며들었다
사방이 온통 하늘색으로 뒤덮였다

꼼지락거리던 달팽이 한 마리가 툭 떨어졌다
잠에서 깨어난 정적,
날숨을 길게 쉬었다

농부가 부지런하면

농부의 삶은 구릿빛이다
한여름을 두 발로 통과한다

건너편 농부의 텃밭은
단정한 작물들로 어여쁘다
손바닥만한 우리 집 정원에선
풀들이 키재기를 하느라 분주한데
농부의 텃밭은 수려하기 그지없다

이른 아침에 부지런한 발길이 지나가고 나면
정갈한 길 하나가 생긴다
마주하는 동안
우리는 같은 하늘 아래 한 우물이 되어 간다

농부가 부지런하면
하나님도 기뻐하신다

진흙 같은 몸

아이는 겁이 많았다
겁먹은 눈으로 세상을 바라보면
두려움이 주인처럼 앞서 있곤 했다
왜 그랬나
수없이 그 지점으로 돌아가 본다
얼마나 손해였는지 따져보면
누구의 잘못도 아닌데
상처가 깊어지고 있었다

토기장이는
연약한 그릇을 빚어 놓았다
사람마다 다른 얼굴이다
알 수 없는 그릇을 다 헤아리지
못하는 까닭에 점점 말이 없어진다

언덕 너머에 깊이 숨겨 놓은
진흙 같은 몸
토기장이의 마음을 알고
감히 입을 열지 못한다

플러스 에너지

가벼울 수도 없고
무거울 수도 없다

어디서 불어오는지 모를 바람이 불어와
모든 것의 노래가 되고
플러스 에너지라며 손뼉을 친다

마음이 바르게 일어서는 곳에 어김없이
밝은 에너지로 미소 지으며 팔 벌려 안아 준다
청소만 잘해도 밝은 에너지가 찾아온다

할 수 없었던 불가항력을 거치면
분별의 힘인지 비교 분석의 지혜인지
플러스 에너지를 감지할 수 있다

마당을 쓸고
넘어진 꽃대를 일으켜 세워 묶어 주니
살아 있는 꽃다발들이 줄을 지었다
한동안 방치했던 소일거리가 해결되었다
밝은 에너지가 더해지는 곳으로 낮은
바람 드나드는 소리가 들렸다

지나가는 비

후두둑 굵은 빗방울이 떨어진다
급히 빨래를 걷느라
초스피드로 움직였는데
돌아서니 비는 그치고 해가 쨍쨍하다
비의 흔적을 말끔히 지우고 시치미를 뗀다

눈 깜짝할 사이에 생의 바퀴가 굴러가는
속도감을 따라잡지 못하는 게 인생인데
잠시 지나가는 비와 같을 수 있을까

지나고 나면 언제나 미련이 남는다
돌아보면 후회가 남지만
지나간 흔적에 얽매이다 보면
소나기에도 옷이 흠뻑 젖을 수 있다

때를 따라

때를 따라 가을이 오고 있다
뜨거운 뙤약볕 사이에 시원한 바람이
다정하게 섞여 있다
때에 맞는 말을 하고
때에 맞는 노래를 하고
그것이 어려운 일이다
때에 맞는 엉뚱함도 아니고
이미 잘못 가고 있었다

일찍 자고 일찍 일어나기는
이미 어려운 숙제가 되었다
잘못 가고 있어도 다들 묵인한다
때에 맞는 삶이 어려워졌다
잘못 가고 있는데 서로가 괜찮은 줄 안다
때를 따라 살아가게 마련인데
무너뜨리고 깨뜨렸다
병들고 있지만 개의치 않는다
병원에 가고 약만 먹으면 그만이다
거대한 두려움이 밀려들어 전쟁터
같은 천하가 걱정이다
대인도 아니건만

때를 따라 아름답게 지으셨다고 한다
사람이 으뜸이란다
그런 사람들이 때를 거스르고 있다

사람이 어렵다

참 어렵다
사람을 겪는다는 것이
언제나 어렵다
오래도록 모르던 불편한 모습을
만나면 당황스럽다
서로의 시간을 두고 생각하면
도망칠 수도 없다

참 어렵다고
어려운 문제라고 물음을 두고
무엇을 짊어진다
작은 균열들은
마음에 박히는 아픈 문양이 된다

그저 혼자 걷다 보면
조용한 시간 속으로 차분하게 젖어든다
느릿느릿 걷다 보면
작은 혈관 속으로 피가 돌기 시작한다

그렇게 또 한참을 걷다 보면
내가 지나온 길이 보이기 시작한다

오르막을 누빈다는 것은

오르막을 누빈다는 것은 계획에 없던 일이다
마른 몸에서 열을 낸다
폐활량이 올라가는 소리가 들린다
숨이 차오르는 생소한 저항감은
매일 조금씩 이겨낸다
더 늦기 전에 근력 좀 키우자고
수척해지고서야 마음을 먹었다

한여름 오르막으로
바람 한 점 없는 열기를 온몸으로 맞선다
병을 이겨내고 걱정 없이 단단한
삶을 어루만지고 싶었다
허약했던 것들은
오르막에서 비결을 익히는 중이다
힘이 들면 숨 고르기를 하고
걸음이 무거우면 저속으로 조절을 했다

삶의 길목마다 이정표가 서 있다면
어리석음도 줄어들고
길을 잘못들 일도 없을 텐데
이제 더 이상 외면당하지 않을 자신이 없다

늦게 피는 꽃

제철을 끌고 온 시간이 제맛을 냅니다
쫄깃하게 맛이 좋아 저절로 웃음이 납니다
봄이 오고 계절은 줄지어 서서 길을 냅니다

철이 지난 후에
다시 새순을 내고 간간이 얼굴을 내미는
꽃들을 봅니다

우리 집 정원에서는
황매화가 피고 붉은 병꽃이 피어
철 지난 꽃으로 대접을 받습니다
우르르 피어나 지천일 때보다
귀하게 반겨 줍니다

늦게 철드는 꽃이 대접을 받는
순한 마음은
뜻밖에 기운을 냅니다

철없는 그보다
늦게 피어 더욱 아름다운 그를
따뜻한 마음으로 기꺼이 응원합니다

늦었다고 주저앉지 않고
뚜벅뚜벅 자기의 길을 걸어가는
행복한 그의 얼굴이 아름답습니다

여름의 선물

따뜻한 콩물을 먹고
등줄기로 흐르는 땀이 기분 좋다
모공을 열어 주는 음식이라니,
불청객처럼 땀구멍을 막고 있던 독소가 빠져나왔다

그 순간 음식은 약이 되었다
혈관을 열어주면 온몸이 행복한 것을,
편리함에 붙잡혀
스스로 질병의 감옥을 만들고 있었다

냉방병에 걸려 출근도 못 한
막내딸에게
콩죽이라도 들고 가야겠다

뭐니뭐니해도
여름의 선물은 땀이 아니겠는가

불안을 파는 사회

홈쇼핑 화면은 거대한 물살 같다
나는 용케 이리 피하고 저리 피한다
그러나 어느 길목에서 언제 목줄이
잡힐는지 알 수 없다

언제는 몸에 좋다고 열을 올리다가
이제는 큰일 난다고 호들갑을 떤다
짜게 먹어라 싱겁게 먹어라
어느 장단에 춤을 춰야 하는지 모르겠다

쇼호스트의 현란한 말솜씨에 휘둘려
패키지 여행을 저지르고 말았다
한 번도 가본 적 없는 동유럽 6박 7일,
중세 시대 유적지와 낯선 풍경들 때문에
허둥대었던 기억은 오래도록 씁쓸한 기억으로 남았다

불안을 팔아서 부를 이루는 세상,
불안이 빌미가 되어
아이들은 학원으로 몰려가고
건강이 빌미가 되어
건강보조식품을 한 주먹씩 털어먹으며
굳세게 무장한 마음의 절벽을
사정없이 무너뜨린다

가지 끝에 마음이 매달린다

가지 끝에는
봄이 가고 여름이 지나도
연둣빛 새순이 피어났다

가지 끝에서 쉼 없이 꽃봉오리가 맺히고
다시 꽃을 피우느라
낭창한 상수리마다 숨이 막힌다

팔월 목수국이 환하게 피었다
길게 뺀 가지 끝에 한 덩이씩 피어났다
배롱나무꽃도 가지 끝에서 피고
붉은 장미도 가지 끝에서 핀다
휘늘어진 능소화도 가지 끝에서 수없이 피어나고 있다

가지 끝에 마음이 매달려
힘을 뺀 채 살랑거린다
바람이 그네를 탄다

바쁜 날

진종일 바쁜 날이다
밤이 늦었는데도 조용할 시간도 없이
휘몰아치듯 하루가 지났다
우선순위도 물 건너갔다

며칠을 그렇게 지나고 나면
스스로에게 꾸지람을 던진다
그렇게 다시 평온해지면
여유로운 시간을 보내면서
자신이 얼마나 하수였는지
작은 질서에 매여 사는 나를 돌아본다

바쁜 날을 사는 기술이
턱없이 부족했다고
바쁜 날에도 웃고
느린 날에도 웃으리라 다짐해 본다

부지런이 복이다

마당에서 부지런을 떨면
화초가 웃고 멍멍이도 컹컹 뒹군다
이른 아침 마당 쓰는 소리에
그리운 어린 가슴이 다가오고
손길 닿는 곳곳마다 반질반질 윤이 난다

부지런을 내었더니
삶은 여백을 만들고 한가롭다
꽉 찬 여름으로 내달리는데
작은 깨우침들이 푸른 잎이 된다

부지런을 내는 날에
성실한 나를 돌아보면
부끄러움은 푸른 잎에 덮인다

비가 그치고 햇살이 들고
말간 바람이 불어
꽃잎 팔랑이는데
무엇을 더 바라겠는가

숨은 사람

좋은 날을 기다리는 사람은
화평의 말을 해야 합니다
온유한 마음이면 좋겠습니다

척박했던 땅에 물을 주고
이른 봄에 해가 잘 드는 곳에
케모마일을 심고
데이지를 심으면 좋겠습니다
북을 돋우며 풀을 뽑고
바람이 지나도록 여백을 만들어 줍니다

마음속 숨은 사람에게 오늘은
괜찮은지 다정한 말을 걸어 줍니다
하얀 꽃들이 수북하게 피면
집안으로 데려와 화병에 꽂아 놓습니다

순해지는 마음에
은은하게 향기가 돌면
가만가만 좋은 날이라고 말합니다

마음이 어려울 때에

마음이 어려울 때에
도무지 할 수 있는 것이 없더라
어려움만이 전부인 양
무엇을 해야 할지 잡히지 않는 생각 때문에
모두 소용없는 흙먼지 같더라

바람이 좋고
햇살이 따시고
꽃 한 송이면 잔잔해지더라

마음 놓이는
한 사람만 있으면 되더라

여름 아침

마당으로 해가 들기 전에
여름 아침은 자유로운 나비가 된다
풀잎에 앉아 보고
꽃잎에도 앉아 본다
나뭇가지 사이에 수두룩하게
들어 앉은 참새떼는 한 마을이다

여름 아침 마당에서는
더위가 벌써 꺾였나 깜박 속는다

마당으로 해가 들기 전에
여름의 푸르름을 닮은
자유를 꺼내 들었다

햇살이 퍼지고 나면
싱싱한 아침은
뜨거운 태양을 향해 성큼 걸음을 뗀다
아끼고 싶은 한여름의 아침이다

공생할 수 없다

삼 주간 집을 떠나있다 돌아오니
여름 정원에 풀이 키만큼 자랐다
그 풀들을 정리하는데
며칠이 걸렸다

집에 익숙해져야지
풀 걱정은 하지 말라고,
풀 한 포기 안 뽑아주면서
풀도 꽃으로 생각하라는
남편의 한마디에 눈을 흘겼다

나의 정원에 풀은 허용할 수 없다
풀이 점령하기 시작하면
정원은 사라진다
정원에 대한 예의가 없는 사람들은
정원이 주는 단아한 기쁨을 모른다

아침마다
다시 예뻐지는 정원에서 나직한
휘파람 소리가 났다

바람이 꽃을 품고 지나가는
향기로운 소리가 났다

흐트러졌다

어쩔 수 없었다
바쁜 일이 이어졌다
어수선한 틈을 타고
참 쉽게도 흐트러졌다

매일 쓰던 묵상 글은
풍덩 건너뛰었다
그런다고 누가 검사하는 것도 아닌데
뭘 잘못한 아이마냥 마음에 한 짐이 되었다

숙제 안 하고 선생님 앞에 불려가
호되게 혼나던 그 자리 같았다

마음 추슬러서 가장 먼저
묵상 글을 썼다
할 일을 했다는 안도감이 들었다
다시 잘하는 삶의 루틴이 굳어졌다

스스로를 혼내고 스스로를 다시 찾은
나만의 즐거움이 충만해졌다

봄이야

봄이요 하고 문을 빼꼼 열었더니
놀란 추위가 거세게 밀고 들어왔다
힘이 얼마나 센지
눈으로 바람으로 얼음으로
총공세를 펼쳤다

누가 서두른 흔적도 없는데
야단법석을 떨었으니
정신이 하나도 없다

놀란 가슴을 부여잡고
봄에게 소곤거렸다
괜찮아
괜찮아

고맙고 그리운 것들은
고요하게 줄지어서 와도 괜찮아
나도 좋고 너도 좋은
그 길에 웃음꽃 만발할 테니!

2부

연초록 습관

설인데 설국이다

바람이 아우성치듯
가지를 헤집고 흔들어 놓는다
쉴 곳을 찾지 못한 눈은 바닥으로
더 낮은 바닥으로만 기었다
낮은 마음을 알차게 메웠다
수없는 겹겹으로 공허한
마음에 설국은 들어 앉았다
갇혀 있던 설움도 날려 가고
그네에 그득히 실린 눈을
살며시 밀어주고 있었다

소나무 가지 위엔
원통한 것도 아닌데 눈덩이가 지고
설날의 오랜 그리움을
기약도 없이 쏟아 놓았다

한없이 달리던 바퀴들은
숲에서 멈추었다
구경꾼이 된
바람으로 분주한 숲을 도울 수는 없었다

깨끗해진 세상으로 들어간다는 설인데
낮은 마음속에 설국은 들어 앉았다

월요일

그런 날이다
새벽 이슬을 털어내고
혼자 길을 나선다
결연한 의지인지
겸허한 보폭의 무게를 알 수 없지만
살아 있음을 확인한다

그런 날이다
새 길을 내는 것처럼
기대감에 나풀나풀 가볍게 길을 나선다
얼마나 다정한가
새날의 흐뭇함이다

그런 날이다
채워진 무엇이 아니어도
가야 할 길 위에 나무를 심고
꽃을 심으며
풀을 다듬어 주는 작은 수고와
부어주신 은혜로 푸른 초장을 향해 간다

그랬었다

산골에서 여러 날 바람 없이 평온했다

생각해보니 봄이 오는 내내
온갖 험한 바람이 불어와
어린 잎마다 생채기를 냈다
그럼에도 생명은 건재했다

그날부터 힘든 일에 대해 미리 걱정하지 않기로 했다
풍랑이 나무의 등짝에 붙여
밀어준 힘으로
이파리들은 더 단단해졌다

그랬었다는 걸 기억하고 나니
편한 숨을 쉬고
괜찮다고 말할 수 있는 여력을 마주한다

봄의 변주곡은
기억을 찾아 산책하는 바람이 되고

처음이야,
그 한마디에
아지랑이 화음은 완성되었다

시골 교회당

마을 길 옆 한적하게 자리하고 있었다
인적은 어디 있는지
그림자 하나 스치지 않았다
밭에는 옥수수도 심어 있고
감자랑 파랑 배추가 보였다

교회당으로 들어서니
단정하고 정갈한 손길은 곳곳마다
부지런한 흔적들이 보였다
경건한 마음으로 기도를 드렸다
순한 마음이 되어 말없이
한참을 앉아 있었다

만민이 기도하는 집이라는
의미가 오래도록 되새겨졌다
누구나 자유로이 들고 나며
기도할 수 있다면
세상은 좀 더 순화되고
마음의 독소도 빠져나갈 것이다

누구나 시시때때로
마음을 토하는 자리가 있어야 하는데
시골 교회당이 그런 곳이면 좋겠다

햇살이 이렇게 좋은데

햇살이 좋은 날인데
봄빛이 환장하게 풋풋한데
창문 밖만 내다보고 만다
온몸이 축 늘어져
어제의 내가 아니다

어제 없던 꽃 한 송이 우뚝 솟아
놀랍도록 화려하게 피어 있다
올해 양귀비는 첫 대면이다
아픈 나를 위해 흔들어 주는구나
멀쩡하게 다니던 날보다는
절절하고 예쁘게 웃어 주는구나

입맛이 돌고
탄력 있는 움직임으로
무엇이든 척척 해내던 날들,
그 기운은 어디로 갔을까

회복이라는 은총이 오면
한송이 양귀비 꽃잎을 간직하고
건방 떨지 않으리라 단단히 마음먹는다

시간을 말한다

자꾸만 동구 밖으로 얼굴을 내밀었다
기다림은 아이 같이 보챘다
담장 울타리에 어김없이
개나리가 피고 명자꽃이 피었다
빨강 노랑이 어우러져
사랑꾼 행세를 했다

담장 안으로 보라색 제비꽃이
한 줄 행렬로 올망졸망 피었다
꽃들이 오고 가는 길
시간을 어기지 않는 길이다
그 길을 서성이며 기다렸다

노랑 빨강 보라
흐드러지게 무리 지어 신비한 색감을
내었으니 가까이서 세밀한 눈을 뜨고
작은 탄성을 받쳤다

만남의 힘으로 철을 알고 철이 든다
혼신의 마음을 일으킨다
일찍 시작한 하루가 피어나고
지는 시간까지 물감통을 놓지 않았다
덕분에 깊은 잠을 잤다

미니장미의 나날

올해 봄은 추웠다
무더위가 오고 보니 봄을 찾아
꽃들의 시간이 늦추어지는
불안한 행렬을 만난다

그 속에서 붉은 큰 장미가 피었다
꼬맹이 장미도
붉은 찔레가 같이 피어 꽃 숲이 되었다
서로의 자리에서 조화를 이루어
올해 더욱 세력을 키웠다

그중에서도 미니장미가 으뜸이다
난 네가 참 좋아
가지 끝마다 몽글몽글 봉오리를
매달아 한 송이씩 펼치니
긴 긴 날을 눈 맞추며 즐거웠다

작은 일 소소한 일들을
방실거리는 나이가 되었다
장미의 꾸러미 같은 나날에
허약한 시는 언제쯤 탄탄해질까
물음의 송이들도 한 꾸러미 인양
비에 젖고 잎이 마르고 떨어진 꽃잎은
바닥을 수놓았다

보고픈 사람들

서로 바쁘게 지내다 오랜만에
만나서 반기는 밝은 인사는
푸른 기운이 도는 웃음이었다

단련 받으며 살아가는 이야기들
굴곡진 길목을 어찌어찌 지나고
한시름 놓았는데 생은 또다시
널을 뛰고 호된 고초를 받는다

특별 대우라고 말하기가 면구스럽더니
그 너머에 있을 잘 되는 이야기가
살짝 들추어 보이는 그를 보았다

서로에게 위로가 되고
힘이 되어 호된 길을 더 빨리 간다
만남이 주고 간 기름진 시간이었다
보고 싶었던 마음은 봄 햇살처럼
우리의 등을 따뜻하게 했다

숲길에서 만난 사람

손바닥만 한 숲길이
그늘을 드리워 반겨 주었다
여름 한 철 수없는 발길
너 한 몸
나 한 몸
무슨 사연을 불러와 풀잎의 노래가 되었다

다음 날에도
그다음 날에도
그곳에 가면 서로 웃기만 했다

세 아이의 예쁘장한 어린 엄마가
어김없이 그곳에 왔다
아이들의 미래를 생각하고 있었다
그 다부진 결심이 뭉클하게 다가왔다

그 모습이 오래 지나도 잊혀지지 않는
들꽃 무늬로 남았다

얼굴에 박혔다

오래된 고통은
얼굴에 송두리째 박혀있었다
오래 아픈 그에게 아무 말도
건넬 수 없었다

마주칠 때마다 눈길로만 말을 건넸다
굳이 말이 필요 없었다
혼자 어떻게 그 힘든 통증을 다 견디는 걸까

그저 다정한 인사로만
다독이는 마음조차 조심스러웠다
얼굴에 박혀있던
고통의 무늬가 익숙해지고
아픈 사람들끼리 자꾸 웃었다

시간이 가고 아픈 무늬가 흐려질 때쯤
환하게 웃으며 헤어졌다

다정하게 웃었던 여운이
꽃무늬가 되었다
그랬다
사람이 꽃보다 아름다웠다
소중한 아픔 한 송이가 마음에 박혔다

통증의 덫

예고가 있었는지는 모른다
어느 날 아프기 시작했다
한 달이 넘고 두 달
납득이 가지 않는 통증으로
사람이 야위어 갔다
가엾고 슬펐다
병원에서 실마리를 풀지 못하는데
병원은 부자가 되고 있었다

그렇게 대책도 없이
통증에 시달리는 사람들은 널렸다
인생의 날에 수고하고 아프다

아픈 사람들은 울고 있는데
어떤 의사 집안은
뉴욕에 호화저택을 지었다고 한다

연분홍 날개

재물이 날개를 내어 날아간다는
기막힌 말에 자주 붙잡혔다
무릎을 쳤다
재물이 날아간 이야기 보다

날개를 내는 또 다른
연분홍 힘을 끌어당기기로 하자
긍정의 힘이란다

연분홍의 밝은 에너지는
의식 곳곳에 박혀있던 어둠을 몰아냈다
텐션을 올려 보니
날개가 솟아났다
의지를 불태워 밝은 힘을 냈더니
옆에도 날개가 솟았다
날아오르는 새가 되었다

지식이 지혜가 되고
밝은 힘으로 무너진 마음 일으켜
그를 날아오르게 하였다
긍정으로 춤을 추기에 이르렀다

기술을 익혔다
크게 소리내 웃기 훈련,
가짜로 하지만 진짜가 되기
긍정의 언어는 어느 사이 입에 붙었다
긴 호흡으로
연분홍 근력을 키웠다

연초록 습관

긴긴 시간을 웅크린 채 기다렸다
바람을 견디고
때아닌 눈보라를 견디면서

나무들이 견딘 시간으로
연초록의 숨결은 연하여 흐른다
나무의 시간은 우리가 견디는
시간으로 기다림을 겁내지 않았다

그랬다
어린 아가들이 성큼성큼
눈 깜짝할 사이에 커 있었다

연초록만큼 유연하고 싶어
그 숨결을 진종일 들이마셨다

몸속에 새겨놓은 습관 하나가 익숙해졌다

일상은 그곳에

일상을 내려놓고
삼 주간 치유원에 들어갔다
놓고 온 일상은 빈 둥지 마냥
아무렇지도 않았다

낫고자 하는 시간은
더디기만 했다
그 하루가 어찌어찌 지나갔다

진통제를 끊었다
견딜만해서였다
그렇게 하루가 또 지나갔다

간절함을 붙잡았다
그것이 새로운 일상이 되었다
절실하다는 것이 은혜라고 느끼며

더딘 걸음인데 속도가 붙고 쉬워졌다
몸이 쉬워지니 뜨거운 눈물이 났다
마음에서 무슨 짐인지 내려졌다

통증의 호들갑

아픈 사람들이 모인 곳
그들을 돕는 사람들의 수고와
숲으로 둘러싸인 곳에
푸르름의 은혜가 있었다

통증과의 사투는
정도 차이일 뿐, 두려움 크기는 같았다
연약한 생은 송두리째 흔들리고
길을 모르는 생명은 방황했다

병색이 짙은 얼굴들이
통증으로 일그러졌다
그 얼굴로 외친다
조오타~~
일부러 호들갑을 떤다

가짜로 웃고 가짜로 계속 말하면서
진짜가 된다는 믿음
그것은 통증의 호들갑이었다
그 호들갑이 닫혀 있던 마음을 풀어주기 시작했다

따뜻한 누룽지

어제 잘 먹었던 한 끼는
무색하리만큼 힘을 못 쓴다
어찌해야 기운을 차릴지

낮은 불에다 천천히 누룽지를 눌켰다
바짝 구운 누룽지를
넉넉히 물을 붓고 끓였다
뜨거운 국물은 음미가 되어졌다
빈속에 따뜻한 기운이 퍼지면서
이만하면 살 것 같은 안도감을 떠먹었다

누룽지 한 그릇의 가치는
값진 서러움이다
혼자 아프고
혼자 회복하는 애달픔이다
귀하고 요긴한 한 그릇으로
큰 세상을 얻었다

여름 안녕

팔월이 언제 그리 다 가고
끄트머리 몇 잎이 남았다
안녕이라고 입속에서만 웅얼거리다
마음은 희뿌연 안개 되어 언덕을 오르고

생의 끝에 서 있는 마음이란 것이
바닥을 치듯
매번 아쉽고 서러운데
이미 바람을 앞세워 채비를 끝냈다

한 방울 땀이 소중했던 지난
여름 호된 정신 단련으로 보내고 나니
잔잔해졌다
이제 한 가닥 붙잡힌 시간을
담담히 옮겨 적어야겠다

제자의 삶

제자가 되었는데
제자의 삶은 어디에 있는지
옆집 아이에게는 너그러운
엄마가 되어 보아도
제자의 삶은 어디에 있는지
길을 잃고 헤매는 제자들을 건너
당당한 제자들을 본다
유명한 제자들은 어떤가
뛰어난 제자에게도
제자의 삶은 잘 보이지 않고
제자가 된 제자들만 가득하다
제자는 왜 사랑을 잃었는지
쉬이 용서할 수 없는 자책으로
험한 세상은 휘청거린다

걱정이다
예수님을 어떻게 뵐지…

손을 놓지 않는다면

풀을 보면
정원에 있는 풀은 더욱
시름에 잠기는 어려운 숙제다
다 풀지 못하는 숙제지만

손을 놓지만 않으면
손이 하는 부지런한 힘으로
바람이 통하는 여백을 만든다

웃자라던 화초는
바람에 줄기를 곧게 세우고
그곳에서 어울리는 자태를 보여준다

손을 놓지 않아
얻은 소득이라면
함께 부요하게 나누어 보면서
함께 부담 없는 호사를 누린다

손을 놓지만 않는다면
작은 동산조차
그 손길이 다가오도록 기꺼이 기다려 준다

버선발

따뜻한 그대가 오신다 하니
종종걸음치며 기다렸다네
추억의 기억을
깃발처럼 펄럭거리며
장대 위에 매달았다네

아지랑이 속삭임을
들고 오는 그대는 얼마나 환한지
동구 밖까지 목을 빼고 기다렸다네

새벽 맑은 서릿발에
세수한 별빛을 매달고
버선발로 달려가
따뜻한 그대를 맞이하네

마음에 피는 아지랑이 연주
첫 소절
한 자락에 감탄을 터뜨렸다네

부산행 기차를 타고

오월이다
첫날에 기차를 탔다
원주에서 부산으로 미끄러지듯 간다
차창으로 보이는 산천은 흐뭇하다
연초록의 보드라운 물살이 가슴으로
흘러들어 풋풋하게 튕겨온다

기차 타기를 잘했다
오랜만에 타는 기차는
부드럽고 빠르고 편안하다
책을 읽고 글을 쓰기에도 흡족하다

삶이 기름지고 윤택하여도
버릇처럼 부족한 것만 생각한다
기차가 주는 추억과 풍경은
반성의 마음으로 내달린다

한눈에 스치듯 지나가는 도시를 본다
옛날을 회상하며 열악했던 기억들
그래도 그때가 좋았다고
그리운 사람이
그리운 곳들이 마구 스쳐 지나간다

그리움으로 흐르는 시간은
아까운 오월을 푸르게 채우는지
부산까지 서로의 등을 기댄 채
푸르기만 하였다

바람만 쉬어 가도

그이의 기울어진 어깨는
굽이굽이 지나온 세월의 흔적이다
제자리로 돌아오지 않는다
축 처진 마음을 끌어 올리는
기술은 분명 늘었는데
마음을 일으켰던 이야기들도 빼곡한데
기울어진 어깨는 손톱만큼도
끌어 올리지 못했다

추억 속에서는
아무렇지도 않은 그 시절
무거운 짐을 어깨에 들쳐 메었다
그 사람 눈에는 보이지 않는 어깨다
"여보 어깨를 살짝만 들어 올려요"
"그럴까"
다음 순간에 툭 떨어지고 만다

쉬어 가는 바람 한 자락 붙들고
고마운 마음만 얹어 주고 싶다
그 어깨에 난 길은 반질반질한데
그 세월이 얼마나 무심한지 가슴 한켠이 시리다

3부

새벽의 적막

악어야 어딨니

가파른 산길을 오르느라
숨이 턱 밑까지 차오른다
사람들은 벌떼 같았다

나만의 악어를 찾아 나선 길
빛바랜 낙엽 아래
고목의 그루터기 속으로 숨어 버린
악어는

정상에 올라서자
한꺼번에 몰려왔다
사방에서 악어의 울음소리가 들려왔다

그리고 한순간,
사람들은 날개가 돋아나 푸른 말벌이 되어
비상했다

악어는 없었다

고통의 기억을 지운다

지우개 하나 부여받았다
다음 시간을 위해
칠판을 깨끗이 닦아야 하는
당번의 임무는 어김없이 지우기다

다음 시간이면 또 칠판은
가득 차도록 내용들을 채운다
선생이 채운 내용에 대하여
아까워하지 않는다
당번의 임무는 지우는 일이다

지우개 하나 부여받자
고통의 기억일랑
슥슥싹싹 지워보자
그래서 다행이기도 한 아이러니다
그럼에도
지우개의 성능이 더 좋았으면 한다
다 기억할 수 없는
사람의 한계가 있어 다행스러운
고통의 기억일랑 슥슥싹싹
신이 주신 고통의 지우개다

밤밭 카페에서

무심했던 마음을 밀고 들어섰더니
그녀는 오래전 그 모습 그대로였다

갈색의 겨울 들판은 음악 같았다
회색도 아닌데
그 음악의 톤은 푸르게 돋아났다

차분하고 단단한 그녀가
낮은 바람이 춤추는
들판의 리듬을 끌어당겼다

산을 넘고 들판을 지나 찾아왔을 바람의 씨앗들로
알토랑 같은 밤밭을 따스하게 일구었다

낮은 산자락에 길게 걸린 금빛 노을과
아직 뽑혀나가지 못한 마시멜로가
시린 들판에 천하태평 겨울의
한적함을 카페의 창문 안으로 밀어 주었다

오래 버티기를 하자는
작은 다짐이 손톱 같은 위로의
꽃가루가 되었을까

이곳에 머무는 동안
나는 알토란 같은 꿈을 꾸었다

작전이 필요해

그런데 작전이
엉뚱하게 먹히지 않을 때도 있다
그럼에도 꼭 짜야 한다
세밀하고 촘촘하면 좋겠다

지난 시간 돌아보면
허술했고 미숙했었던 곳에서
숭숭 구멍이 뚫리고
숭덩 바람이 치고 들어 왔었다
그때마다 아프고 쓰라렸다
쑥대밭이 되기도 했다

작전상 후퇴
그것은 상당한 기술력이었다
머리를 맞댄 작전으로 울고 웃었다
폭설이 내린 날에는
작전상 갇히기로 한다

폭설 수다

폭설이 그치고
바통을 이어받은 폭풍
사정도 봐주지 않고 휘몰아친다
눈꽃은 흔적도 없이
탈탈 털리고는 새초롬하다

산골에 구경난 눈 폭풍
장관을 이룬 걸작품이더라
왔다 가버린 바람인데
누가 기억해 줄지 알 수 없네

산골에서 기운 달리면 어떻게 살지
대신 눈을 치워 줄 사람이 없는데
되려 바람은 마당에다
탈탈 턴 눈을 들이부었다

눈 치우다 근력 왕이 됐다는
폭설이 그치니
폭설 수다는 눈 더미 같아라

새벽의 향기

특별한 여행길
낯선 곳에서 짐을 풀고 보니
필요한 것이 이것뿐인가
초라할 만큼 간소하다

베드 하나
한 몸 누일 공간도 한 잎이다
정갈하다
그것으로 충분했다

어찌 잠이 들고
새벽 여명의 빛이 느껴져 눈을 뜨니
작은 새들의 노래만 가득했다

며칠 그렇게 지나고
새벽에 향기가 있다는 것을 느낀다
울컥하고 눈물이 났다

새벽 여명의 빛을 기다리며
깨는 대로 그냥 밖으로 나간다
실루엣으로 느끼는 형체에
동질감이 되어 호흡이 길어진다

낯선 곳에서 맞이하는 향기가 새롭다

새벽에 무슨 일이

숲의 새벽을 깨우는 소리
새들의 노래가 놀라움이다
새벽에 숲의 새들은 더 많이 노래했다
저들에게 새벽엔 무슨 일이 일어나는지
새들의 노래만 가득한 세상을
새벽에 만났다

아름다운 세상이라고 느꼈다
튀어 오르는 생동감으로
말할 수 없는 맑음으로
고운 새들아 도대체
무슨 일이냐고 묻지 않으리
감격 너머에 말없이 환희에 젖으면 되었다

새벽의 적막

캄캄한 어둠 속에서
찾아낸 새벽이다
적막 속에 담긴 깨끗함이다
어둠 속에서 정갈함을
날마다 길어 올려야겠다고

새벽어둠을 붙잡고
고요 속으로 내려앉으면
근심 걱정의 무게가 줄었다
맑은 이슬 같고
맑은 바람 같은 적막함을 따라
어둠을 걷어내는 빛은 차고 시리다

깊다는 것은
드넓은 광장 같은 너그러움이다

잃었기에 가볍더니
무게를 짊어지니 보폭이
안정되었다

새벽이 다 가기 전에 기도를 끝내야겠다

아침 묵상

세상에 나가서
불안을 달고 집에 돌아오면
근심 걱정은 덤으로 따라붙는다

그럴 때마다
아침 묵상의 자리에서
근심을 내려놓고
새 힘을 얻는다

세상에 나가서 속수무책
덤벼드는 불안을 만나고
수척해지고 만다

그럴 때마다 아침 조용한 시간
아침 묵상의 자리는
깨달음을 준다
겁낼 필요가 없다는 것을,

내 영혼이 일어서는 곳이다
안정감으로 다시 일어서는 곳이다

말이 줄면

바람길에는
바람이 몰려서 지나간다
그러나 자유로움이 주특기가 아닌가
하고픈 말이 몰려 있었지만
이내 아침이 온다
말이 줄어들면 어디서부턴지
단단한 신뢰가 차지한다

심지가 견고하면
크게 흔들리지 않는다고
말을 아끼는 아침이다

아침에 기다리면
더하기보다는 빼기를 한다
간절히 고요하고 평온하기를 기다리는
아름다운 아침이다

살만하다고 느낀다

고래가 춤을 추었다는데
간절함이 있었고
연약하여 울고만 싶더라
그 어떤 절실함으로 낮아진 마음은
도무지 어두웠던 눈을 희망으로 밝히면
우리도 춤추는 인생이 되지 않을까

간절함으로
매일 기도하는 날은
밝은 힘이 스며들어 살만하다고 느낀다

탄식하는 것도 간사하지만
일으켜 세우는 몸부림은
살만하다고 느끼는 몸짓이다

살아가다 보면 살아지더라
풀 향기가 코끝을 스치는 것도 좋다
짙은 꽃향기가 아니어도 감탄하는
여유로움은 살만하다고 느낀다

어둡던 길에 간절한 빛은
방황을 잡아주었다
고난당한 것이 내게 유익이라고
어려움이 내게 유익이었다고

살만하다고 느낀다

논길

들판을 생각하면
끝없는 그리움이고 느린 걸음이다
쭉 뻗은 길은 희미한 듯 선명하고
논둑으로 난 작은 길이 사방으로
이어져 이집 저집 도란거리며 평화롭다

논길 위에 서면
어린 웃음이 찾아온다
벼꽃이 피어 생기 가득했던
알곡이 여물어 휘어질 때 신기하기만 했던
어린 가슴이 되살아난다

이 땅 어디든 쉬이 들판이 있어
채움과 비움의 순환은 이내 손에 잡힌다
차창으로 보이는 논길마다 평화롭다

아이야

사립문
현관문 창문까지
활짝 열어 두었구나
기다림은 바람을 타고 수없이
들락거리다 부푼 풍선이 되어 떠오르는구나
무슨 그런 흐뭇한 존재가 너였구나

사랑스러운 아이야
품으로 달려들어 안기는 찡한 열기는
불덩이 같지만 순결한 한 마리 나비구나
아장아장 휘적이더니
보기 좋게 뛰어다니는구나
작은 입에서 쏟아져 나오는 총명은
오 놀라운 사랑의 감탄이구나

꽃인가 했더니
꽃보다 예쁜 비견할 수 없는 기쁨이구나

황도

결혼 새내기 시절이다
어리바리 뭣도 모른 채
삼사십 년 앞선 어른들의 삶에 섞여
그 댁에 자주 갔던 기억이 붙잡혀 온다
청도 어디쯤 병아리 농장
살림살이의 규모가 있었고
어디 하나 빈틈없이 정갈했다
차려져 나오는 밥상은 건강했고
풍성해서 어린 마음에 흔치 않은
부러움으로 마음 안에 수채화가 그려졌었다
지금도 그 그림의 색채는 발해지지 않았다

팔월의 꽃 같은 황도를 한입 베어 물면
달콤한 황금의 맛이 그리움의 오랜 별빛으로
입안 가득 청도가 씹혔다
순진하게 고마웠다

건강하고 성실한 삶이 주는 향기로운
사랑을 받아먹었다
축복이었던 황금빛 시간이
명주실 가닥에 그렇듯 이어져 있었다

그때의 애잔한 수액이 발끝으로
손끝으로 흐른다
지나온 길 다시 돌아갈 수 없는 한 줄
느낌표로 그리움의 기도를 바친다

올해 황도는 푸른 금빛이다
청도에 갈 수 없지만 푸른 그리움으로
수밀도의 향기를 맡는다

출구

잘 가던 길이었을까
어둠에 빠지고 길을 잃어버린다
주저앉고 싶고
포기하고 싶어지고
과소평가하기에 이른다

혼자 헤매일 때
느긋해질 수 있을까
긴 호흡으로 이완시킬 수 있을까

이리저리 헤매는 일이 나쁘지 않았다
느닷없는 곳에서 출구의 작은 빛을
만나는 것은 무슨 조화가 아니었다
멈추거나 뒤를 돌아본다
전혀 다른 분야의 책도 읽는다
그렇듯 통찰은 번득하는 작은 소리였다

끝없는 사유
실마리가 풀리는 바람 쐬기
산책으로 얻는 영감
잘 가는 길의 빛이다

과부하

엄마는 일 중독이셨다
일만 했고
일을 죽어라 했다
끝내 아무도 못 말렸다
몸이 고장 났지만 그래도 일을 붙잡았다
과부하로 속수무책 고장난 몸이 되었다

과부하 시대란다
걱정이다

손끝에

그 어떤 요술일까 생각한다
저마다의 손끝에서 나오는 요술봉으로
때마다 작품을 창작해 낸다
손끝의 야무짐으로
손끝의 부지런함으로
잠깐 동안 변화시켜 놓는다
그의 손끝의 야무짐에 감탄한다
부지런만 있어도 놀라운 힘을 발휘한다

그 아이는 어릴 때부터
유난히 손끝이 야무졌다
아이답지 않은 야무짐으로 어른들을
감탄하게 했다
첫 숟갈질 할 때 한톨 흘리지 않았다
흘리는 친구를 보면 속 터져 했다
마음만 먹으면 뭐든 척척 빈틈이 없었다
타고나는구나를 보여주었다

손끝에 달린 생의 바퀴라고
말할 수 없는 나이가 되었다
나의 힘으로만 살지 않는다
그 고단함을 어찌 말로 다 하랴
그분은 도움을 구하라고 하신다

안다는 것

지식에서 멀어져
얼굴에 숨기지 못하는 거만함
흔한 일이 되고 병인데도 모른다
어리석은 길로 들어서는데
도무지 깨닫지 못한다

때에 맞는 말이 있어 유연할 때
때에 맞는 위로
걸맞은 사귐으로 한 소절 화음이 기쁘다
서로 아는 것으로 친근하다
나의 영혼이 힘을 얻는다

빛이 어둠보다 뛰어나듯
지탱해주는 힘은 아는 데서 풀리곤 한다
안다는 것
백그라운드가 좋은 인생으로
그를 알고 나의 영혼이 힘을 낸다

배후가 있다

푸르름의 배경에서
부드러운 숨을 쉰다
산골의 평온함은 까마득히 먼 곳의
기다림을 보채지 않는다

오래도록 살아왔던 터전을
지키는 일이 있고
그 터전을 떠나는 이야기가 아득해지면
크게 흔들리지 않는 담담함으로
순응을 배운다

배경이 있어야 했고
배후가 있다는 것도 안다
신을 따르기로 한다

즐거워하라

어디에서도 들어보지 못했다
세상에 그런 가르침이 다 있네
"즐거워할지니라"
"온전히 즐거워할지니라"
어안이 벙벙했다

그냥 생각만 해도
그 언어가 주는 놀라운 힘이 있었다

우선은 거두절미하고
읊조려 보았다
그래도 되느냐고 되묻고는
이게 무슨 큰 비밀인 양
깊숙한 곳에 고이고이 간직했다

오랜 시간이 흐르고
그 한마디에 많은 내용이 담겨
있다는 것을 알고
이제는 조용히 머리 숙인다

달리기

탕, 소리를 듣고 뛰어야 하는데
탕, 소리에 겁먹은 아이는
제대로 뛰지 못했다
겁쟁이가 되었다
왜 그랬는지 그냥 미소만 핀다

그때는 그랬지만
이제는 운동으로 달리기를 한다
왜 그런지 기분이 좋아진다
운동화 신은 뇌가 기뻐한다

몸에서 열을 내고
숨이 차오르면
달리는 맛이 난다
이 맛을 이제서야 깨닫다니

아무리 알려줘도
자기 깨달음이 와야 했다
참 오래도 걸렸다
달리기의 기쁨을 죽기 전에 깨달았다
야호!

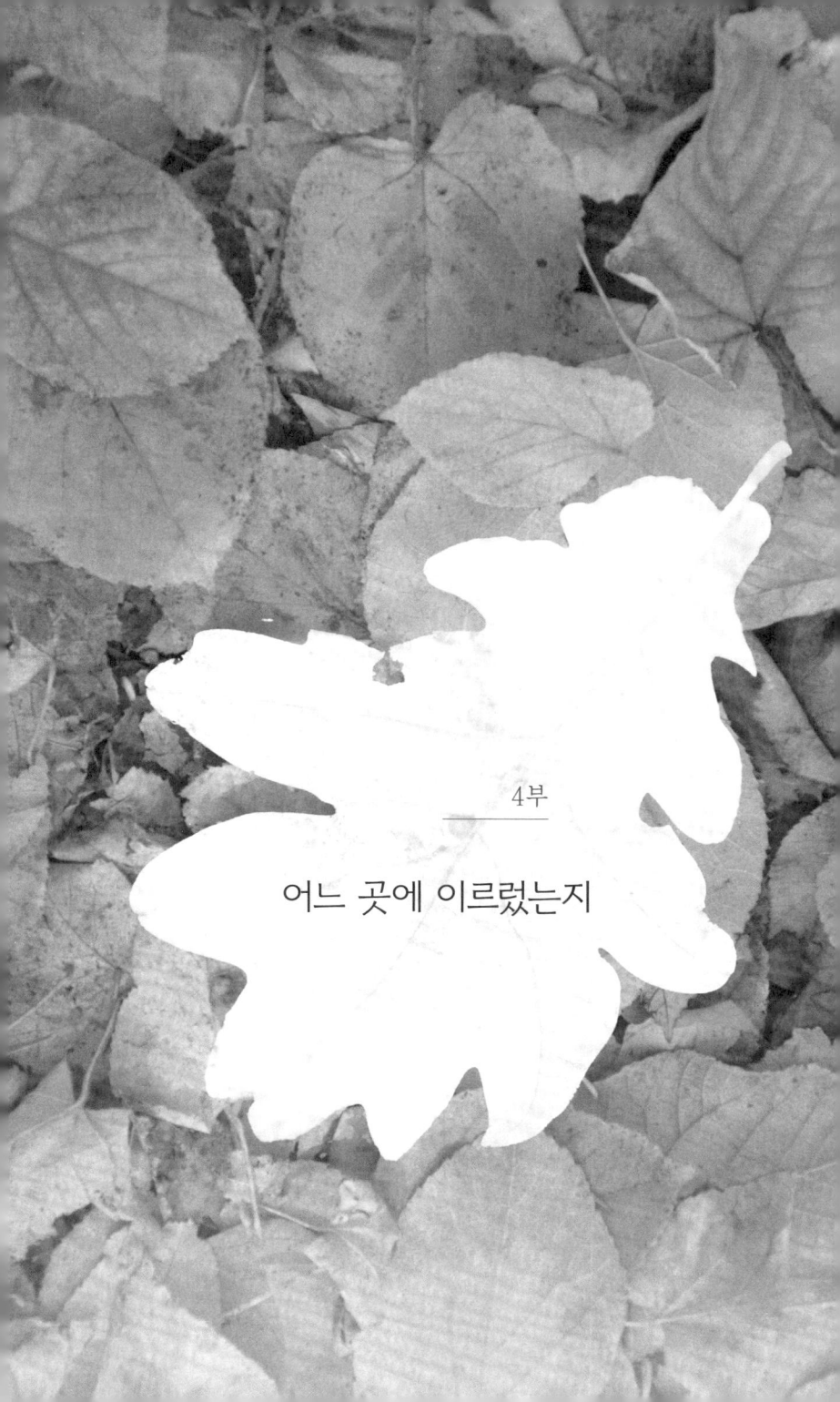

4부

어느 곳에 이르렀는지

장미의 마음

향을 가두었다
가지를 지나 가시마다 모아 두었다
부지런을 떨며 추위를
아랑곳하지 않았다
긴 밤을 지나
아침이면 가지 끝에 해가 들었다

핏줄이 실해져 가고
뿌리까지 모인 힘으로
깊은 땅속 물줄기를 끌어올릴 것이다
붉은색을 모을 것이다

붉은 빛깔의 공통어가
수식하고자 하는 것을
맞닿아 있는 마음으로 읽어낸다

장미의 시간이 오기 전에
푸른빛이든 붉은빛이든
채비를 끝내자고
봄이 벌써 다가온 모양이다
장미의 길이 아름답기까지 수없이
마음을 다잡아야 했다
봄이 오면 사르르 풀어 놓으리라

접점

처음부터 없었던 것인지
점점 벌어진 것인지
도무지 오리무중이다

학문적으로
이성적으로
유연성을 두고 고집부리는
자기 방식에 자기의 성과를 뺀다면
무엇이 남을까

한 걸음만 뒤로 물러설 순 없을까
실로 어려운 일이로구나
그래서 수없이 깨지고 만다
깨져버린 그릇처럼 수선도 힘들다

접점을 찾지 못해
지난 소중한 시간을 허망하게 버렸다
오리무중에
허망까지 손해가 태산이로다

놀기 위해 태어났다

'너는 어떻게 그리 잘 노냐'
'놀기 위해 태어났잖아요'

긴긴 방학 동안
할머니 할아버지 댁에서 실컷
놀고 있는 아이의 톤이
쩌렁거린다
잘 노는 저 아이는 놀기 위해
태어난 것 같단다

당신은 사랑받기 위해
태어났다고 힘을 주는데
돌아서면 어리둥절 어렵다

차라리 놀기 위해
태어났다고 당당하게 외치는
아이에게 명쾌함을 느낀다

잘 노는 아이가
뭐든 잘 해낼 줄 의심하지 않는다

기다리는 기쁨

물러서지 않으려 하네
마지막 힘을 맘껏 보탠다
더더욱 거친 바람으로 몰아 온다

그냥 올 수 없는 그대를
애타게 마냥 기다려야 한다
기다리다 지쳐도 식지 않는
사랑으로 목을 빼고 기다려야 한다

그 사이에 끼어서
이리 치이고 저리 치이고
들숨 날숨을 길게 내뱉는다
길어진 호흡으로 뱃심 하나
챙겨 놓을 수 있다네

기다림은
따뜻한 그리움이 되고
아지랑이 같은 뭉글한 사랑스러움이네
그대를 향해 손을 뻗어 반긴다네
그 고운 색채가 몰려오는 기쁨이라네

그대 목수

거친 마음은 연거푸 걷어낸다
목수는 낡은 무늬를 밀어서
고운 결을 찾아냈다
흔적이 묻어나고
세월이 덧대어져 반질반질한 윤기로
서로의 수없는 흔적으로
끝없는 문양으로 품격을 새겨 넣었다

거친 마음은 연거푸 걷어내는데
새집을 지었고
목수의 기술은 번듯하다
새로 고침은 거친 흔적을 지우고
무뎌진 마음에는 레몬 향을 솔솔 뿌렸다

거친 마음은 연거푸 걷어내자
목수였던 그분께
낡은 모든 것
옛것은
고침을 받고 참 좋았더라
그런 세상도 있더라

그 봄이 다시 오려나

새순을 내밀었다
여린 숨결이 어질게 다가왔다

봄은 어김없이 그랬다
해빙의 물길이 흐르기 시작하면
대지는 기름진 눈물로 풍성해지기 시작했다

멀리서 다가오는
희미한 발걸음 소리가 꿈결처럼 들려왔다

행여 봄이 오지 않을 수도 있을까
걱정도 해보지만
새하얀 치마저고리 너머로
연둣빛 심장 소리가 들려오기 시작한다

저기, 누군가 오고 있다

여행은 골목이야

소문은 힘이 세다
꼬불꼬불한데 가파르기까지 하다
그곳을 애써 찾았다

작은 카페의 행렬에 눈은 휘둥그레졌다
이곳이 요즘 젊은 감성지대라고 한다
묵은 나무의 거친 질감
곳곳에 새순이 피어나고 있었다

카페 귀퉁이 한 곳을 비집고 끼어들었다
청춘들 앞에서 소심해진 우리는 눈치껏
조신하게 굴었다

좁은 골목처럼 소박하지만 구불구불하게 남은
그날의 기억들이
오래도록 흐뭇한 새순으로 피어났다
수형을 잡아가느라
휘어진 매력이 묻어나고 여백이 생겼다
여행길에서 얻은 작은 추억을
내 삶의 나무에 접붙이고

가파르고 좁은 기억과
낡은 색채가 묻어 나오는
언덕길을 조심스럽게 내려왔다

춘삼월

삼월 첫날인데
산골이 떠들썩 요란하다
골짜기 건너에서 나무를 자르는지
기계음이 오래도록 이어진다
우리 집에도 전지를 하고
슬슬 일이 시작되었다

일하기 좋은 날씨
손이 시리지 않아 적당하다
봄을 향해 얼굴을 내밀고
부지런한 손을 뻗었다
살아나는 의욕은 무슨 힘일까
겨울을 지나오면서 쟁여진 힘일까

땅속 수액을 끌어올려
가지에 진물을 만드는 나무야
충실한 생명으로
온전한 한 바퀴를 완성했구나
지긋이 마음 가득 감사라고 느낀다

상처에서 나는 진물이
치료제라는 것을 우린 알게 되었지
진물이라는 이름조차 감사하다

땅을 밟고
깊이 뿌리를 내리는
봄의 한 걸음으로 감동의 길을 낸다

나누어야 할 수액을
부지런히 끌어올리는 그대들 고맙소

꼬끼오 꼬꼬

지난가을 어린 닭이 왔다
춥고 서러운 겨울 동안
당당하고 야물게 자라났다
이제 막 제 목소리를 내느라
연습 중이다
나날이 커지는 울음소리는
제법 닭의 위상을 가늠하게 한다

가까이서 지켜보는
너의 울음소리는
그냥 나오는 게 아니란 걸 알게 되었다

하루에도 수백 번, 반복되는 연습 끝에
점점 다듬어지고
우렁차지는 그 목소리가 대견하고 기특했다

누가 시키지 않아도
스스로 끼니때마다 목소리를 내고
자기 할 말을 다하는 어린 닭이
제 목소리도 못 내고 비겁하게 숨는
사람들에게 한마디 한다

"꼬끼오 꼬꼬"

익으면 좋다

그곳이 낯익어 가면
익어가는 나날이 보드랍게 펄럭이면
그와 우리가 낯익어 수월해지고
웃음소리도 펄럭인다

마당에 들어서면
웃음이 먼저 달려들고
작은 바람에도 꽃잎은 흩날린다

그만큼 가꾸고 다듬고
온갖 정성을 들였다
공짜는 없다는데
날로 먹고 싶은 유혹은
슬며시 다가와 붙으려 한다

얄궂게도 잘 익은 세월이 차지한다

간사함과 교만

몸살이 다 나은 줄 알고
아침부터 마당을 살피니
곳곳에 풀이 보인다
장갑 끼고 호미 들고 끝없는 풀을 맨다
시간 반 더는 못하겠더니

몸살기가 등짝부터 다시 눌려 온다
아뿔싸, 잠시 돌아보니
간사한 마음이 교만이란 것을 깨닫는다
회복된다면 얼마나 귀할까 했지만
당연한 것처럼 감사할 틈조차
내지 않고 과욕을 부렸다

깨끗하게 단정해지긴 했지만
아플 때 간절했던 마음
절실하게 사모했던 회복을
가볍게 여긴 간사함
교만은 그렇게 시작되는구나

잔잔한 물살 같은 데이지 꽃이 핀다
정화되길 바라며 어리석은 마음 한 자락
잔잔한 물살 위에 흘려보낸다

마음을 지키리라
한낮의 꿈결같이 사라지지 않게

병인 줄 모르는 병

겸손은 아닌 것 같은데
비교하면서 자책으로 가더라
존경의 마음을 뒷걸음질 치게 하고
피로감이 누적되는 것을 느꼈다

오랜 세월 버릇처럼 굳어져
문제인지 모르니
곁에서는 어려움을 느낀다
더러 겸손으로 가장을 한다
때로는 위하는 듯 포장이 된다
더러는 상황을 왜곡시킨다
부정적인 사고의 습관 같았다

사람의 일이란 것이
분석하고 보면 아픔이 헤집힌다
교정이 불가능하고
수정이 안 되는 아득함을 어찌하랴
비추어 보고는 혼자서 침잠하네

골 메운다

허기진 등짝
허기진 뱃가죽
허기진 속 때문에
다리가 휘청거린다
가난했던 시절의 어지럼증인가
사방이 흔들린다

그냥 흘리는 말로 들어뒀던 말
"골 메우는 데는 찰밥을 먹어야 해" 한 마디가
귓가를 맴돌고 있었다

생일에나 겨우 먹었던
윤기 자르르하고 촉촉한 찰밥의
쫄깃한 식감과 고소한 향까지
맛나고 흐뭇한 맛이 일품이었다

휘적거리던 허기가
거짓말처럼 사라졌다

누가 공감해 줄까
골 메우느라 찰밥을 먹었다는
5G 시대의 공허한 메아리를

어느 곳에 이르렀는지

실눈 뜬 가지마다
듬성거리며
점 하나씩 달려 있다

새 생명의 눈을 뜨고 사방을 살피고 있다
시련의 시간을 온전히 견딘
힘은 당차고 올곧다

바짝 마른 찔레의 붉은 가지마다
핑크빛 꿈이 돋아난다

나의 인생 공부는 어디에 이르렀는가
행여 길을 잃지는 않았는지
행여 꿈을 잃어버리지는 않았는지

겨우내 꽃피울 채비를 하며
시린 흔적을 맨몸으로 견딘 자리마다
울음이 돋아난다

이제 실눈이라도 뜨자
촉각을 세워 길게 숨을 쉬자
꿈틀거리는 한 줄을 붙잡고
봄을 줄기차게 기다리자

말할 수 없는 슬픔일랑
지나가는 바람에게 넘겨주자

등이 따시다고

종종걸음을 치면서
웅크린 어깨 위로 청록의 바람을
달고 식당에 들어섰다

오랜 시간 몸속에 쟁여 둔 이야기를
한 잎씩 꺼내 나누어 먹었다

든든한 한 끼의 만찬으로
빈 몸은 그득해지고
주름진 마음에는 온기가 돌았다

누가 한 말일까
배부르고 등 따시니 지나간 순간들은
잊어버린다고,

춥고 배고프고 서러워지는 시간을
과거로 묻어놓은 채 식당을 나서는데
영하 십오 도의 찬바람도 두렵지 않았다

추위와 더위는 한 몸처럼 붙어 있다는데
배고프면 더 춥고
등 따시면 더 덥더라

아니 아니
아무 생각도 안 나고
평생 배 곯다 길 떠나신 엄마 얼굴만 떠오르더라

돌배나무의 겨울

참새 떼가 드나들고
물까치 떼도 텅 빈 가지를 흔든다

긴긴 세월
겨울 햇살을 길어와
허공 빈 곳에 가지를 뻗었다

가지마다 겨울의 무늬를 새겼다
껍질마다 목소리를 담고
산골의 겨울을 서로의 등을 맞댄 채 건너간다

거센 눈보라가 불어도
숭덩숭덩 빠져나가는 기억의 파편들을
뿌리의 핏줄 속에 가두고
다시 봄을 기다린다

비켜 가는 사람

잊지 말고 기억해 두었어야 했다
느닷없이 건너온
그의 무심한 부정문 하나가
철석같이 믿었던 마음에
큰 구멍 하나로 솟아났다

무조건 침묵하고 볼 일인지
가벼웠던 몸무게가 묵직해졌다
산만했던 정신의 무게는 오히려 차분해졌다
달뜨던 풀썩임도 가라앉고
깊게 내려앉은 시간 속으로
파랑새 한 마리 지나갔다

돌이켜 생각해보니 그를
비켜 간 시간들이 줄줄이 딸려 나왔다
고구마 줄기처럼
송사리 떼처럼

어쩌다 그를 만났고
어쩌다 코가 꿰었다

이젠 묵언수행으로 그를 보내야 한다
다시 계절이 바뀌고 있지 않은가

시작을 시작할 수 없는 이유

다시 시작되었다
해가 바뀐다는 사실은 얼마나 좋은지
무채색 시간의 절정에서
시작을 본다는 것은 수수께끼 같은 일이다

우리는 가끔 서로에게 이어진
주파수를 잠가야 한다
인연도 설렘도
두부 모 자르듯이 다시는 붙일 수 없게
잘라야 한다

해와 달이 돌아올 수 없는 계절로 돌아가듯
밤과 낮을 땅속에 묻어놓고
하루를 백 년처럼 저장해야 한다

시작할 때 모든 순간들은 빛이 난다
눈빛이 살아나고
얼굴빛은 환하다

그리하여
너와 우리는 다시 시작할 수 없다
깨달음이 없는 너와 우리는
동족이 아니기 때문이다

그리움이 남았다

한참 만에 얼굴을 대하고
무슨 말인지 주워 담았다
쓸쓸한 바람이 무채색으로 스치고
얼얼한 볼따구니가 달아올랐다

터를 잡아가는 동안
살아남기 위해 독한 힘을 키웠다
지금까지 살아온 기세라면
천년이라도 살아갈 것 같은데
부끄러움이 핏줄을 밀치고 나오는지
볼따구니만 자꾸 붉어졌다

길 위에
흙먼지가 날리고
티끌 하나가 뺨을 스치고 지나갔다

미화된 기억들은 이제
붉은 꽃잎으로 날려 보내야 한다
휘날리던 향기는 강물 속에 가둬놓고
가슴 저편에 남은 억척스런 무늬만
기억하기로 했다

야위었다

9월이 되고 풀을 베는데
힘없이 뿌리가 딸려 나온다
여름 동안 무성했던 힘은 어디 가고
초가을 소슬바람에도 야위고 말 것을
여름 한 철 그렇게 뜨겁게 살아냈단 말인가

나는 여름 내내 전쟁을 치렀는데
생의 언덕에 올라서고 보니 쓸쓸한
연민으로 돌아앉은 잎들이 보인다
최선을 다해 힘을 냈기에
소임이 끝나고
미련 한 잎 남기지 않는다

생을 다한 마지막 모습을
오래도록 기억하는 까닭은
무엇이 진짜이고
무엇이 가짜인지 아직도 배워야 하기 때문이다

최선을 다한 뒷모습은 언제나
허망한 법이다

벌써 가을이다
올가을에는 혼자 오래도록 쓸쓸하리라
나의 어리석은 기대와 바람을 내려놓으리라
고요하고 낮은 바람이 되리라

고양이는 눈을 밟지 않는다

이른 아침 눈 덮인 마당으로
순백의 흔적이 찬란하다

아직 바람도 다녀가기 전,
그 처녀의 대지위에
햇살이 옷을 벗는다

어디선가 어머니의 숨소리가 들리는 듯하다

눈보다 하얗고
꽃보다 말갛다며
내 얼굴 쓰다듬던 손길,
눈송이마다 지문처럼 박혀 있다

다시 볼 수 없는
그 눈빛
그 손길
어린 고양이의 등을 쓸어안으며
조용히 눈을 감는다

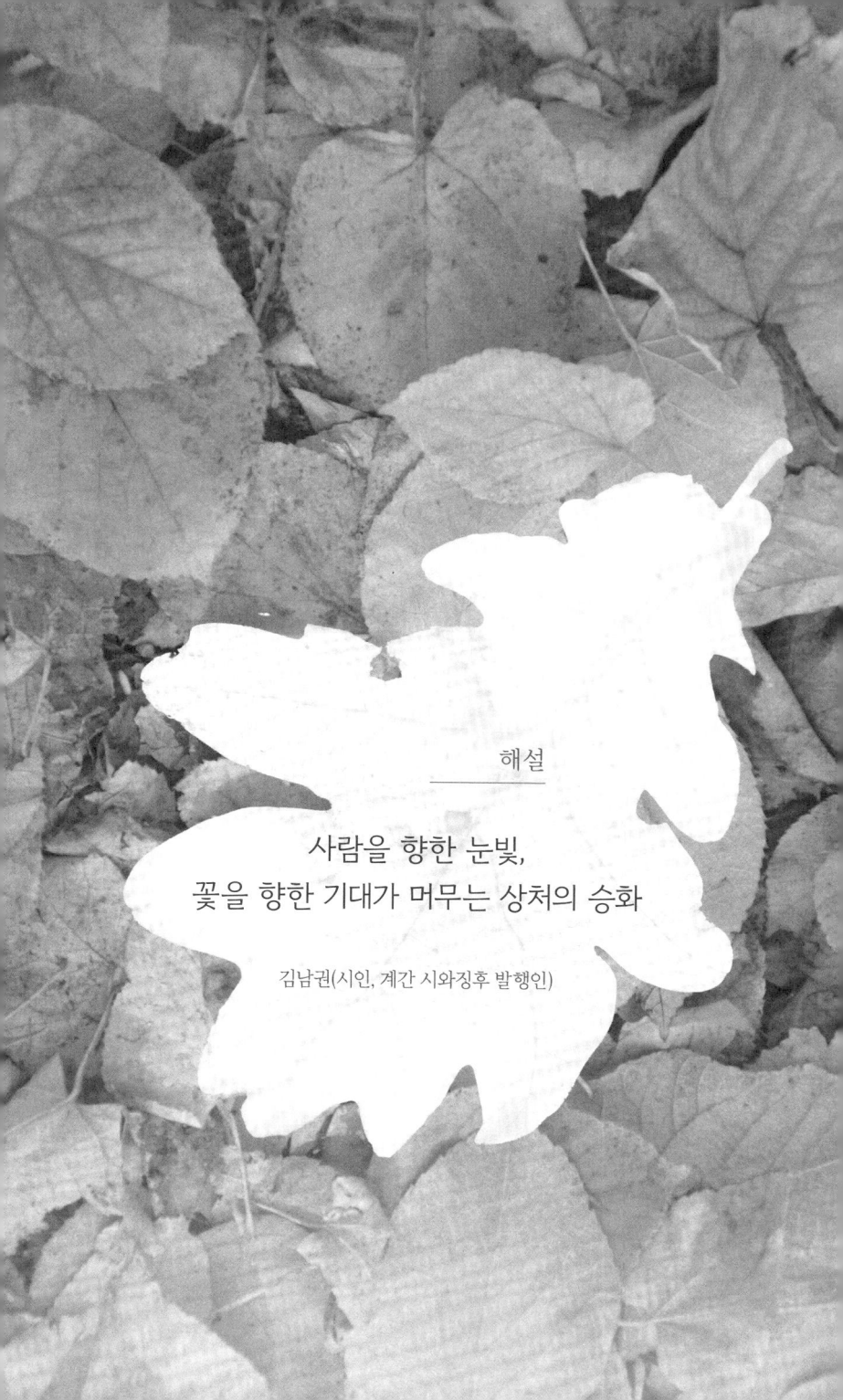

해설

사람을 향한 눈빛,
꽃을 향한 기대가 머무는 상처의 승화

김남권(시인, 계간 시와징후 발행인)

/ 해설 /

사람을 향한 눈빛,
꽃을 향한 기대가 머무는 상처의 승화

- 박여롬 시인 두 번째 시집 『그리움이 남았다』를 읽고

김남권(시인, 계간 『시와징후』 발행인)

　박여롬 시인이 첫 시집 『비트는 꽃이다』를 출간하고 일 년 만에 두 번째 시집을 선보이게 되었다. 그동안 가장 눈에 띄게 변한 것은 시인의 시선이 드디어 사람을 향하고 있다는 점이다. 더 이상 과거에 연연하지 않고, 현실을 살아내느라 지치고 고단하고 슬프고 상처투성이인 인간의 내면을 탐구하느라 스스로 견고해지고 있는 것이다.

　때로는 마당의 풀꽃에 말을 걸기도 하고, 지나가는 바람과 뒷산의 소나무에도 문안 인사를 건네며 가슴 속을 훑고 지나가는 차갑고 아린 것들을 쏟아낸다. 사람들로부터 얻은 병을 자연을 통해 치유하며, 그래도 다시 사람으로 향하는 발걸음을 놓지 않는다. 그래서 이번 시집은 결국 사람은 가도 "그리움이 남았다"는 한마디로 정의할 수 있다.

　박여롬의 시가 상처와 사람과 자가치유의 과정을 거쳐 다시 따뜻한 사람들에게 향하고 있다는 사실은 이번 시집을 읽는

또 다른 기쁨을 안겨준다.

  한 시인의 시선이 꽃과 나무와 동물과 사람을 통과하여 모든 생명의 핏줄을 지나고, 돌과 어둠과 달과 별의 경지로 나아갈 수 있다는 사실은 끊임없는 사유와 통찰의 시간을 통해서 가능하다는 것을 알 수 있게 한다.

    참 어렵다
    사람을 겪는다는 것이
    언제나 어렵다
    오래도록 모르던 불편한 모습을
    만나면 당황스럽다
    서로의 시간을 두고 생각하면
    도망칠 수도 없다

    참 어렵다고
    어려운 문제라고 물음을 두고
    무엇을 짊어진다
    작은 균열들은
    마음에 박히는 아픈 문양이 된다

    그저 혼자 걷다 보면
    조용한 시간 속으로 차분하게 젖어든다
    느릿느릿 걷다 보면
    작은 혈관 속으로 피가 돌기 시작한다

그렇게 또 한참을 걷다 보면
내가 지나온 길이 보이기 시작한다

- 사람이 어렵다 [전문]

  사람을 탐구하는 학문을 인문학이라고 한다. 사람의 가치를 발견하고 사람이 어떻게 살아가야 하는지 화두와 깨달음을 던져 주는 것이 인문학이다. 그런 점에서 문학은 인문학의 모체이며 사람의 생각과 감정과 깨달음을 일깨우는 가장 소중한 감정적 학문이라 할 것이다. 사람으로부터 받은 상처를 내면을 돌아보며 사유하고 조용히 성찰하는 동안 감정의 파도는 잦아든다. 그리고 지나온 길을 생각하며 사람의 마음을 다시 새기는 일은 한 뼘 더 자신이 성숙해져 가는 계단이 된다.

오르막을 누빈다는 것은 계획에 없던 일이다
마른 몸에서 열을 낸다
폐활량이 올라가는 소리가 들린다
숨이 차오르는 생소한 저항감은
매일 조금씩 이겨낸다
더 늦기 전에 근력 좀 키우자고
수척해지고서야 마음을 먹었다
한여름 오르막으로
바람 한 점 없는 열기를 온몸으로 맞선다
병을 이겨내고 걱정 없이 단단한

삶을 어루만지고 싶었다

허약했던 것들은

오르막에서 비결을 익히는 중이다

힘이 들면 숨 고르기를 하고

걸음이 무거우면 저속으로 조절을 했다

삶의 길목마다 이정표가 서 있다면

어리석음도 줄어들고

길을 잘못들 일도 없을 텐데

이제 더 이상 외면당하지 않을 자신이 없다

- 오르막을 누빈다는 것은 [전문]

  오르막을 오를 때는 모른다. 내리막이 얼마나 가파르고 위험한지, 사람들은 오르막을 올라가는 동안만 힘들다고 생각하고 오르지 않으려고 하거나 조금 오르다가 포기한다. 그러나 오르막에 다 오르고 나면 반드시 내리막이 존재한다. 다만 오르막이 언제까지일지는 아무도 모른다. 평생 못 오른 사람도 있고, 내리막에서 고꾸라진 사람도 있다. '오르막을 누빈다는 것은' 숨 고르기를 하면서 바람도 쐬고 폐활량도 조절하면서 쉬엄쉬엄 올라야 한다. 그런 다음 누가 알아주지 않아도 상관없다. 내리막을 다 내려가고 나면 다른 오르막을 선택하면 된다.

  가지 끝에는

봄이 가고 여름이 지나도
연둣빛 새순이 피어났다

가지 끝에서 쉼 없이 꽃 봉오리가 맺히고
다시 꽃을 피우느라
낭창한 상수리마다 숨이 막힌다

팔월 목수국이 환하게 피었다
길게 뺀 가지 끝에 한 덩이씩 피어났다
배롱나무꽃도 가지 끝에서 피고
붉은 장미도 가지 끝에서 핀다
휘늘어진 능소화도 가지 끝에서 수없이 피어나고 있다

가지 끝에 마음이 매달려
힘을 뺀 채 살랑거린다
바람이 그네를 탄다

- 가지 끝에 마음이 매달린다 [전문]

 마음이 무거운 이유는 집착과 욕망을 내려놓지 않아서이다. 나뭇가지 끝에 매달린 마음은 얼마나 절실하겠는가? 바람이 조금만 세게 불어도 떨어질까 두렵고 비가 세차게 내려도 빗물에 떨어질까 두렵고, 폭설이 내리면 가지째 부러지지 않을까 걱정이 앞설 것이다. 그러나 봄에 꽃을 피우고 잎이 돋는 나무들은 그런 두려움을 무릅쓰고 의연하게 꽃을 피우고 잎을 밀어낸다. 바람이 그네를 타고 두렵지 않기 때문이다. 사람과 사람이 어우러져 사는 일도 그런 것이다.

> 봄이요 하고 문을 빼꼼 열었더니
> 놀란 추위가 거세게 밀고 들어왔다
> 힘이 얼마나 센지
> 눈으로 바람으로 얼음으로
> 총공세를 펼쳤다
>
> 누가 서두른 흔적도 없는데
> 야단법석을 떨었으니
> 정신이 하나도 없다
>
> 놀란 가슴을 부여잡고
> 봄에게 소곤거렸다
> 괜찮아
> 괜찮아
> 고맙고 그리운 것들은
> 고요하게 줄지어서 와도 괜찮아
> 나도 좋고 너도 좋은
> 그 길에 웃음꽃 만발할 테니!
>
> – 봄이야 [전문]

꽃샘추위가 아무리 기승을 부려도 꽃은 핀다. 계절을 시샘하는 바람이 아무리 훼방을 놓아도 이파리는 새로 돋아난다. 사람들과 어울려 인생을 살아가는 일도 그렇다. 북풍한설이 몰아친다고 하더라도 인생을 후퇴할 수는 없다. 무조건 앞으로 나아가야 한다. 그것이 운명이다. 그리고 봄으로 시작된 인생은 여름 가을을 걸쳐 겨울에 다다른다. 그때마다 수많은 유혹과 위기에 직면하지만 우리는 그때마다 서로에게 위로의 한마디를 건넨다. "괜찮아, 괜찮아, 다 지나갈 거야" 하고. 그 당시에는 곧 죽을 것 같은 슬픔과 고통도 시간이 지나고 나면 기억 저편으로 멀어지고 그때 들었던 한마디는 결국 평생을 살아갈 힘을 얻는다. 그리고 나도 살아가면서 누군가에게 꼭 그 한마디를 건네야 한다. "괜찮아, 괜찮아"라고.

긴긴 시간을 웅크린 채 기다렸다
바람을 견디고
때아닌 눈보라를 견디면서
나무들이 견딘 시간으로
연초록의 숨결은 연하여 흐른다
나무의 시간은 우리가 견디는
시간으로 기다림을 겁내지 않았다

그랬다
어린 아가들이 성큼성큼

눈 깜짝할 사이에 커 있었다

　　연초록만큼 유연하고 싶어
　　그 숨결을 진종일 들이마셨다

　　몸속에 새겨놓은 습관 하나가 익숙해졌다

- 연초록 습관 [전문]

'연초록 습관'은 시간을 견디는 힘이다. 새봄에 가장 먼저 눈을 뜨는 어린 새싹은 얼마나 가녀리고 연약한가. 그러나 그 어린 새싹도 몸속에 숨겨놓은 유전자 때문에 그 여린 몸으로 비바람과 한파를 견디며 꽃을 피운다. 습관은 유전자 속에 숨어 있다. 누가 가르쳐 주지 않아도 유전자 속에 저장된 기억으로 행동하고 기억한다. 그래서 나쁜 피는 고칠 수 없다고 했다. 친일매국노의 자식들은 여전히 이 땅에 살아남아 나라를 팔아먹고, 국민을 배신하며 권력과 돈이면 다 된다는 의식을 포기하지 않은 채 살아가고 있다. 우리는 지금 몸속에 새겨놓은 습관 하나를 찾아내어 꽃을 피워야 할 때다. 유전자가 고약한 핏줄은 절대로 아름다운 꽃을 피울 수 없기 때문이다.

　　가파른 산길을 오르느라
　　숨이 턱 밑까지 차오른다
　　사람들은 벌떼 같았다

나만의 악어를 찾아 나선 길
빛바랜 낙엽 아래
고목의 그루터기 속으로 숨어 버린
악어는

정상에 올라서자
한꺼번에 몰려왔다
사방에서 악어의 울음소리가 들려왔다

그리고 한순간,
사람들은 날개가 돋아나 푸른 말벌이 되어
비상했다

악어는 없었다

- 악어야 어딨니 [전문]

"악어야 어딨니"는 인간에 대한 물음이다. 악어 떼들처럼 몰려다니며 자기보다 연약한 존재를 사냥하고 끊임없이 새로운 먹잇감을 사냥하기 위해 늪지대를 어슬렁거리고, 때로는 혼자가 아닌 여럿에서 하나의 목표물을 세우고 물어뜯기를 밥 먹듯이 하는 존재들에 대한 물음이다.

그렇게 사냥이 끝난 악어들은 저 혼자 고상한 척 푸른 말벌이 되어 하늘을 비상한다. 말벌들은 자기 생애 동안 도적질과

다른 생명체를 죽이는 일을 업으로 하는 동물이다. 꿀벌의 목을 잘라 죽이고 그들이 모아 놓은 꿀을 도적질한다. 그리고 자신을 공격하려는 동물들은 길고 치명적인 침을 이용해 마비시키거나 죽게 만든다. 악어의 습성은 성장해서 결국 말벌이 되는 것이다.

  새순을 내밀었다
  여린 숨결이 어질게 다가왔다

  봄은 어김없이 그랬다
  해빙의 물길이 흐르기 시작하면
  대지는 기름진 눈물로 풍성해지기 시작했다

  멀리서 다가오는
  희미한 발걸음 소리가 꿈결처럼 들려왔다

  행여 봄이 오지 않을 수도 있을까
  걱정도 해보지만
  새하얀 치마저고리 너머로
  연둣빛 심장 소리가 들려오기 시작한다

  저기, 누군가 오고 있다

            - 그 봄이 다시 오려나 [전문]

그럼에도 불구하고 박여롬 시인은 해마다 봄을 기다린다. 마치 이육사 시인이 '광야'에서 오매불망 기다리던 "백마 타고 오는 초인처럼" '저기, 누군가 오고 있다'라는 기대로 사람과 상처에 대한 기억을 안고도 새로 오는 세상에 대한 기대와 설렘을 보여주고 있다.

연둣빛 심장 소리가 들리는 봄이 오는 소식은 얼마나 떨리고 설레는 순간인가? 박여롬의 시가 사람을 향하고 있다는 사실은 상처와 좌절과 실망을 안고도 다시 봄이 오기를 기다리는 간절한 염원 속에 알알이 박혀 있다. 그리하여 다시 오는 봄이 누구보다 기다려질 것이다. 그리고 그런 시간들을 통해서 내 안의 진짜와 가짜를 발견하는 눈이 밝아졌을 것이다. 자벌레는 일 미터를 전진하기 위해서 한꺼번에 점프를 하거나 날개를 달고 날아오를 생각을 하지 않는다. 언제나처럼 신중하게 일 센치씩 전진해 나아간다. 그래서 자신이 걸어온 길이 아무리 멀리 왔어도 그 길이를 기억하고 있다가 돌아가는 길을 잃어버리지 않는다. 시는 시인이 걸어온 인생의 허구와 진실이 시적 상상력으로 표현된 심상 예술이다. 박여롬 시인이 추구하는 삶의 궤적들도 그가 걸어온 길의 기록이자 이정표다. 이제 다시 그의 다음 시집의 눈이 어디로 향하게 될지, 벌써 내년 봄꽃이 피는 그의 정원에서 꽃향기가 어디로 향하게 될 것인지 기대하는 이유다.